De oorsprong van alles

Jutta Richter

De oorsprong van alles

Vertaald door Dorienke de Vries

 Brandaan

ISBN 978 94 6005 004 6
NUR 302

Vertaling: Dorienke de Vries
Omslagontwerp: Geert de Koning

www.uitgeverijbrandaan.nl

IN HET BEGIN schiep God de hemel en de
aarde. De aarde echter was een baaierd,
een woestenij. Duisternis over
het aanschijn der
oervloed.

De Bijbel, *Genesis*
Naar de vertaling van Martin Buber
en Franz Rosenzweig

Zo af en toe praat Adam ook tegen de maan. Maar alleen wanneer hij rond en geel is en zijn maan-mond wijd geopend heeft in de stomme schreeuw die tot ver achter de sterren te horen is. Op zo'n moment springt Adam overeind. Zijn mantel fladdert in de wind, en hij wankelt een beetje, als een matroos die na een lange zeereis voet aan wal zet.

Eerst kijkt Adam de maan recht aan, dan lacht hij verbitterd.

'Uitvaagsel, dat zijn we dus!' roept hij. 'Uit-vaagsel zijn we, wilde u dat soms beweren? Wel, wel! U wilt zich beklagen? We bevallen u niet meer? Uw wereld bevalt u niet meer?'

Hij werpt zoekend een blik op de grote honds-roos, want daar zit immers elke nacht de kat op prooi te loeren. Ook nu zit ze er weer en Adam roept: 'Heb je dat gehoord, poes? Zijn wereld be-valt hem niet meer! Hij heeft geen zin meer om zich druk te maken over ons. Het komt hem de neus uit. Uitvaagsel noemt hij ons! Wat vind je daar nu van, poes? Zeg eens wat!'

Maar de kat zegt niks. Niet daarover en ook niet over al het andere. In stilte telt ze de muizen die ze verorberd heeft; zij kan tevreden zijn.

Ging Adam maar weg! Nu laat hij zich naast de kat in het gras vallen. Die man laat je ook nooit eens met rust.

Zo gaat het nou altijd, denkt de kat. In plaats van te wachten, rond te kijken en naar de stilte te luisteren, brult hij de nacht aan flarden. En ze zucht zacht, de kat, omdat ze aan de muizen denken moet die ze nu niet vreten zal.

'Uitvaagsel,' snikt Adam. 'Hij noemt ons uitvaagsel. Hij wil ons verlaten, en deze keer voorgoed, zegt hij. Dat kan toch zomaar niet! Per slot van rekening heeft hij de situatie aan zichzelf te wijten. Hij heeft ons zelf uitgevonden, poes, begrijp je wel, hij heeft ons zelf gemaakt! Ook tot dat wat we nu zijn. En nu keert hij ons de rug toe en wendt zich af en laat ons liggen in het stof, in de duisternis. Waarom is hij toch zo kwaad op ons?' Maar de maan staat roerloos en schreeuwt en lijkt ontroostbaar.

'En dan te bedenken dat alles zo goed begon,' zucht Adam. 'Weet je nog, poes?'

De kat spint en vlijt haar kop in zijn hand. Ze weet het nog...

Het was de zesde dag.

En zijn werk lag er mooi bij.

Hij had de bergen gevouwen en water en land van elkaar gescheiden. Er waren zeeën ontstaan, rivieren en meren.

Hij had de lichten hun plaats aan de hemel gegeven. De glanzende zon voor overdag, de bleke maan en de blinkende sterren voor 's nachts. Hij had de hoornachtige schubben uitgevonden voor de bescherming van de vissen die hij in het water had losgelaten. En uit die schubben had hij de veren ontwikkeld. Lichter dan lucht en tegelijk stevig en buigzaam, zodat de vogels zouden kunnen glijden op de golven van de wind.

Wat hem echter de meeste voldoening schonk, was het licht. Eerst was er immers alleen maar duisternis geweest, pikzwarte nacht, baaierd en chaos en woestenij en roerloze kou, een ondoordringbaar niets in een zee van dreunende stilte.

Eenzaam had hij zich gevoeld in die nacht zonder einde. En hoe eenzamer hij zich voelde, hoe luider zijn gedachten werden. Trage gedachten waren het, die duizenden jaren nodig hadden om vaste vorm te krijgen. Er moet iets tegenover staan, had hij gedacht, er moet een tegenover zijn. Er moet iets zijn, zo dacht hij, er moet iets zijn waar eerst niets was.

Want dicht was de duisternis en zwart was de duisternis en koud was de duisternis. Dus moest het wit zijn, dat tegenover, en doorzichtig. Warm zou het zijn en licht... licht... licht!

Licht! had hij gedacht. Licht is het tegendeel van duisternis: een luchtig licht, stralend, doorzichtig en warm.

Met het licht zou alles beginnen, dat wist hij heel zeker. De wereld zou ontkiemen en aan zijn eenzaamheid zou een einde gekomen zijn.

'Ik wil dat het licht wordt!' had hij gezegd. En terwijl hij dat zei was de hemel opgeklaard. De eerste dag ging op. De wereldgeschiedenis was begonnen.

Nee, het zag er op deze zesde dag niet slecht uit.

Over het geheel genomen was hij erg

tevreden. Natuurlijk waren er wel wat kleinig-
heden waaraan nog iets te verbeteren viel. De
wind, bijvoorbeeld, was een beetje onstuimig
uitgevallen, een beetje te groots. Die loeide,
huilde, raasde en wakkerde van tijd tot tijd zo
aan dat de vissen gewoonweg het strand op
werden geblazen. Toch kon de wind ook stre-
len, suizen, zingen en fluisteren in de bladeren
van de bomen. Dus zelfs de wind droeg zijn eigen tegendeel in zich. En dat was goed, want
hij zag de wereld graag vol tegenstellingen.
Waar tegenstellingen zijn, is voor verveling
geen plaats meer, en de verveling is de metgezel van de eenzaamheid, waarmee hij in al die
jaren van duisternis maar al te zeer vertrouwd
was geraakt. Dat alles was nu voorbij. Het was
de zesde dag.

De wind was lauw en mild, de lindebomen
stonden in bloei, de zwaluwen vlogen hoog,
de duiven koerden en op het vijveroppervlak
dansten zonnevlekken.

Hij had maar weinig slaap gehad in de vijf
nachten sinds het begin van de tijd. Er was ook

zo veel te bedenken. Telkens als hij de ogen wilde sluiten, schoven er nieuwe beelden tussen hem en de sluimering. De mogelijkheden waren onbeperkt, er waren nog zo veel ongedachte delen en tegendelen. In ieder ogenblik van rust fonkelden duizenden ideeën voor zijn geestesoog, en de vreugde over het succes hield hem wakker.

Nu stond hij aan de rand van de vijver en keek naar de glinstervlekjes op het water, zag de vissen springen. Daarna keek hij omhoog, naar zijn zwaluwen die vol overmoed en levenslust langs de hemel dartelden.

Een tomeloze vreugde welde op in zijn hart. Dit was de ochtend van de zesde dag en vandaag, vandaag zou hij zijn werk afmaken! Tot het krieken van de dageraad had hij zitten tekenen, het ene ontwerp na het andere geschetst en weer verworpen, en telkens weer was hij van voren af aan begonnen. Nu had hij het allemaal precies in zijn hoofd. Alles zat op de juiste plek. Voor de muis had hij een schel stemmetje verzonnen, voor de machtige olifant een slurf en voor de giraf een extra lange tong. Alles, alles was uitgedacht en nu kon hij ermee voor de dag komen. De apen en de vleermuizen, de kamelen en de slangen en ook de honden, die trouwe wachters bij het haardvuur. Hij wilde hun bestaan en zij ontstonden...

Op de middag van die zesde dag, toen de zon op zijn hoogst stond, de duiven dommelden tussen het lindeloof en de zoetige, zware geur van de lindebloesem boven de vijver zweefde, lag de kat voor het eerst op zijn schoot te spinnen. Hij streek over haar vacht om te voelen hoe dicht die was, en zij likte dankbaar zijn hand met haar rasperige tong. En aan zijn voeten lag, diep in slaap en met trekkende oren, de eerste hond.

Als het zo toch eens had kunnen blijven, denkt de kat met een zucht. Zo had het moeten blijven. Een ademtocht lang waren daar alleen ik en de muis en hij, op die middag van de zesde dag... en de hond ook, bedenkt ze nu, maar die had ik mijn nagels wel laten zien als hij wakker was geworden. De vrede was alles in allen, en alles was goed zoals het was... Maar hij zat alleen maar uit te rusten en zijn krachten te verzamelen voor de namiddag, voor het laatste onderdeel van zijn schepping. Misschien had ik wat luider moeten spinnen, denkt de kat, en mijn kop in zijn hand duwen of me slapend moeten houden; hij had het vast en zeker moeilijk gevonden om mijn dromen te verstoren.

Voorbij, denkt de kat, verspeeld en verknoeid. En als altijd is slechts de herinnering gebleven: aan die strelende, warme hand... aan een van vrede vol moment.

Zodra de zon op de middag van die zesde dag het zenit had verlaten, ontwaakte de hond, vlogen de duiven op, schoten de muizen weg door het ritselende gras, spitste de kat haar oren en sprong van zijn schoot om op buit uit te gaan.

Toen waagde hij zich aan het allermoeilijkste.

Langzaam daalde hij af naar de vijver, die als een spiegel in de holte lag, want de wind die het water zou rimpelen was nog niet wakker geworden. Hij zag zijn zwaluwen gespiegeld en ook een wolk, die traag en wit naar de oever gleed.

Hij boog zich over het water en herkende zichzelf.

Lang rustte zijn blik op het evenbeeld dat hem vanuit het water aanzag en opnieuw overviel hem dat oneindig groot verlangen. Het verlangen naar een metgezel. Het verlangen naar een vriend, naar iemand die eruitzag zoals hij.

Het was een verlangen dat even oud was als de duisternis, want het was dit verlangen geweest dat hem het licht had doen uitvinden en de wereldgeschiedenis en alles wat bestond.

Nu zou hij een evenbeeld scheppen, als zijn evenbeeld daar in de vijver. En dat evenbeeld zou zíjn tegenover wezen, zijn vriend, zijn metgezel. Het spiegelbeeld van de schepper: de mens.

Hier zou hij wonen, die mens, samen met alles wat leeft, en samen zouden ze ervan genieten.

Terwijl de wind weer wakker werd en de lindebloesemgeur boven het water zweefde, terwijl de kat lag te luisteren in het hoge gras en de hond voor het eerst blafte, zei hij luid en voor het laatst:

'IK WIL.'

Daar stonden ze voor hem. De een was hoekig en groot en sterk. De ander was iets kleiner en rond en zacht. Maar allebei leken ze sprekend op hem.

Op de avond van de zesde dag stonden ze lange tijd zwijgend bij elkaar en keken naar het wegzinken van de zon, heel in de verte, daar waar hemel en aarde elkaar raken.

'Ach, poes,' zucht Adam. 'En nu noemt hij ons uitvaagsel! Uitvaagsel, alsof hij alles vergeten is,
alsof hij er liever niet meer aan denkt. Maar ik,'
zegt Adam, 'ik herinner het mij maar al te goed!
Weet je nog hoe gelukkig we waren? Ik had in die
tijd gek van geluk kunnen worden. Van het eerste
ogenblik af had ik gek kunnen worden van geluk.
En zij voelde zich net zo...'

De kat zou hier wel iets tegen in kunnen brengen, maar ze zwijgt, omdat haar dat verstandiger
lijkt. Ze begint haar vacht te poetsen, laat haar
kop zakken en likt zorgvuldig haar borst. Ondertussen ligt Adam op zijn rug in het gras. Hij kijkt
op naar de hemel. Een snik kropt hem in de keel
als hij een wolk langzaam voor het maangezicht
ziet schuiven. Hij kan niet verder vertellen, want
de zilte tranen lopen over zijn gezicht.

De kat doet alsof ze niets merkt, maar ze weet
best dat Adam huilt vanwege de wolk, omdat hij
zo'n wolk eerder gezien heeft, lang geleden, op die

late namiddag toen de tijd van zijn geluk nog maar net begonnen was.

Adam had lang geslapen. Het mos was zacht, de weide groen. Een beetje terzijde, in de schaduw van de hazelaar, lag de hond. Die was nog diep in slaap en lag met zijn poten te trekken, omdat hij droomde van de hazen die hij opjoeg.

Ook Adam had gedroomd. Het was dezelfde droom die hij al zo vaak had gehad, en waaruit hij telkens met zo'n zwaarmoedig hart ontwaakte. Hij wist niet hoe dat kwam, want hij had het goed, hier in de tuin. Hij snoeide de haag en veredelde de rozen. Dat was altijd zijn liefste wens geweest. En er was niemand die hem commandeerde of opjoeg.

Dat had hij toch altijd graag gewild: eigen baas zijn, maiskorrels strooien voor de pauwen, het legsel van de eenden beschermen, weten waar daslook en kamille groeien, lindebloesems verzamelen om er later, in de winter, de thee van te kunnen zetten die zo weldadig is bij hoest. En dat alles met de hond aan zijn zijde en de kat aan zijn voeten. Zo heeft hij het zich altijd gewenst.

De tuin was groot en de muur die hem om-
sloot was met klimop begroeid.

De ijzeren poort was afgesloten met dikke ket-
tingen, bijeengehouden door een oud, smeed-
ijzeren hangslot. De sleutel daarvan had Adam
nog nooit gezien, maar hij had die ook niet
nodig, want het kleine, houten poortje achter
de meidoornstruik was niet op slot. Het lag zo
diep verborgen achter de klimopranken dat
iemand die deze ingang niet kende hem nooit
vinden zou.

Het was door dit poortje dat Adam indertijd de tuin was binnengegaan. Door dit poortje kwam ook de heer, als hij, wat maar zelden
gebeurde, een beetje wilde bijkomen van zijn
drukke werkzaamheden daarbuiten. Wat die
werkzaamheden precies behelsden, wist Adam
niet.

De heer was iemand van weinig woorden.

Hij kuierde langs de tuinpaden, bekeek
de bloembedden, plukte hier en daar een ver-
welkt bloemblaadje van een stengel en deed

dat alles zwijgend. Daarna stond hij in de avondzon te kijken naar het herenhuis, waarvan de honderd ramen fonkelden in het rode licht. Altijd wanneer hij kwam, deed hij dat. En Adam kende elke voetstap van de heer en week niet van zijn zijde.

Wanneer hij lang genoeg genoten had van het lichtspel in de ramen van het huis, kon het zomaar gebeuren dat de heer een gesprekje met Adam aanknoopte.

'Ben je tevreden, Adam?' vroeg hij dan. 'Gaat het echt goed met je?'

'Ja, echt, heer. Het leven hier is zo heerlijk! Ik word vrolijk wakker en 's avonds verheug ik me alweer op de nieuwe dag.'

Telkens als Adam zo antwoordde, gleed er een lachje over het gezicht van de heer en leek alle vermoeienis van hem af te vallen.

Het was dat lachje waarop Adam wachtte, want het betekende: je bent een goede tuinman. Ik ben blij dat ik jou heb. En dat was veel waard.

De tuin lag de heer na aan het hart.

Eigenhandig had hij de plattegrond getekend en pas daarna waren de planten en de struiken en de bomen gepoot. De waterpartijen, de kleine fonteinen, het meer, alles had de heer eerst op grote witte vellen papier geschetst. Die ontwerptekeningen lagen nu veilig opgeborgen in een zware hutkoffer in het herenhuis. Op de morgen waarop Adam bij hem in dienst kwam, had de heer ze hem daar ook laten zien.

In het midden van de tuin lag het meer. Het werd gevoed door vier waterlopen, die uit de vier windrichtingen kwamen en de tuin doorkruisten. De heer had uitgelegd dat water het belangrijkste van alles was, want zonder water wilde er niets groeien, bloeiden er geen bloemen en zou geen enkele boom vrucht dragen. De waterlopen verdeelden de tuin in vieren:

de siertuin,

de moestuin,

de boomgaard en

de dierentuin.

Elk onderdeel had zijn eigen karakter en zijn eigen schoonheid.

Adam vond de siertuin het mooist. Daar bloeiden orchideeën en rozen naast elkaar, daar stond de blauwe ridderspoor te stralen voor de witte jasmijn en geurden onder de vlinderstruik de viooltjes.

De siertuin wisselde maandelijks van kleur, zoals mensen wisselen van kleren. In de winter staken de rode vruchtjes van de vuurdoorn fel af tegen de groenblijvende palmbladeren; in het vroege voorjaar, wanneer de sneeuwklokjes en de kerstrozen in bloei stonden, was de bloementuin wit, om vervolgens naar geel te verschieten – primula's en sleutelbloemen, narcissen en tulpen. In mei begonnen de rozen te bloeien in alle tinten rood en in de herfst, wanneer de astertijd begon, werd de tuin helemaal blauw.

Ja, Adam vond de siertuin prachtig, maar het hart van de heer ging het meest naar de boomgaard uit. Hij hield de groei van de bomen nauwlettend bij, hij kruiste perziken met pruimen en zure appels met zoete. Wanneer een van de nieuwe soorten in de herfst vrucht droeg, haalde de heer een grote mand, beklom zelf de ladder en plukte de vruchten van de takken. 's Avonds zaten hij en Adam dan in de keuken bij elkaar, proefden van het fruit en probeerden er namen voor te bedenken. De appels kregen namen als morgendauw en avonddauw en klokappel en smeltzoet, want die namen vielen Adam als rijpe vruchten van de lippen en dat vond de heer leuk. Op zulke avonden was hij altijd vrolijk gestemd. Ook al zei hij nog steeds niet veel en verzon hij maar zelden zelf een appelnaam, toch lachte hij dan vaak.

De heer verliet de tuin altijd weer bij het eerste morgenlicht. Dan stond Adam voor het raam en keek hem na, zonder te weten wanneer hij terug zou komen.

Zo was de heer, zo was de tuin, dit was het leven dat Adam jarenlang leidde, met de hond aan zijn zijde en de kat aan zijn voeten.

In de nacht sliepen de kippen in de stal, 's ochtends kraaide de haan, de prachtige pauw stootte zijn lelijke gekrijs uit en de duiven rekten koerend hun halzen.

Alles was goed zoals het was en Adam was innig tevreden.

Tot de dag waarop hij voor het eerst die droom kreeg, de droom die daarna dagelijks terugkeerde en waaruit hij altijd met een zwaarmoedig hart ontwaakte. En waarom wist hij niet.

In die droom zit Adam aan tafel en iedereen is er. Het is zondagmiddag. Ze lachen en vertellen elkaar verhalen over vroeger. Hoe ze in de appelboom zat en niet meer naar beneden kon, weet je nog? Er hangt een geur van vers gebak en de ramen staan open, altijd staan in die droom de ramen open, en de wind blaast zachtjes muziek naar binnen, muziek van ver, van ergens vandaan.

In die droom zitten de kinderen bij hem op schoot. Twee zonen, die ruiken naar appels en naar melk. En in de deuropening staat zij. Stralend als de zon, met glanzende ogen en lippen zo rood als rozenblaadjes in juni en een jurk die de kleur heeft van ridderspoor. Ze glimlacht naar hem. Maar als hij overeind wil springen om haar te omhelzen, doet ze de deur dicht en is verdwenen, en met haar ook al het andere: de kinderen, het gebak, zelfs de muziek. En Adam ontwaakt met een zwaarmoedig hart.

Hoe vaker hij haar beeltenis zag in zijn droom, hoe groter zijn verlangen werd. Zo'n verlangen had hij nog niet eerder gekend. Onder dit verlangen viel alles hem zwaar, had alles zijn glans en betekenis verloren, alsof er een grauwsluier over de dingen lag. De zon scheen niet meer zo fel, de hemel was niet meer zo blauw, de bloemen geurden niet meer zo zoet en tussen de bieten schoot het onkruid op. Als 's nachts de nachtegaal zat te zingen, brak Adams hart. Dan moest hij huilen, zonder te weten waarom.

De kat wist het wel; de kat wist altijd waarom de dingen waren zoals ze waren. Het zijn rare wezens, denkt de kat. Ze horen een nachtegaal, ze zien een wolk, en dan moeten ze huilen en alles komt terug: de vreugde en het verdriet, alles komt terug alsof het nooit voorbijgegaan is, en dat alleen maar omdat ze jaren later een wolk zien...

Adam had die middag lang geslapen. Het mos was zacht, de weide groen. Een beetje terzijde, in de schaduw van de hazelaar, lag de hond.

Het eerste wat Adam zag toen hij de ogen opsloeg, was de wolk. Een klein wolkje, heel wit en heel hoog. De warme wind duwde het zachtjes door het hemels blauw en een tijdlang volgde Adam het wolkje met zijn ogen. Toen ging hij overeind zitten.

De boomgaard lag erbij zoals altijd. De pruimenbomen, de perzikenbomen en de abrikozenbomen bogen diep door onder het gewicht van de rijpende vruchten. Het zou een overvloedige oogst worden. De nazomer was warm.

De vroege smeltzoetappels in de appel-boomgaard glansden geel tussen de groene bladeren. Daarnaast stond de klokappelboom, beladen met rode vruchten die eerst nog meer zonlicht en een milde herfst nodig hadden.

De wespen zoemden en alles was zoals al-tijd.

En toch was er iets veranderd. Adam voelde

het en ook de hond werd onrustig. Met hangende staart liep hij snuffelend tussen de bomen door, bleef staan, stak de snuit in de wind en snoof. Plotseling blafte hij, liep een paar meter verder, kwam naar Adam teruggestormd, duwde tegen hem aan en blafte nog eens.

Adam stond op.

De hond sprong tegen hem op, liep een paar meter vooruit, kwam terug, liep weer vooruit en bleef toen staan om te kijken of Adam wel volgde. Zo leidde hij Adam door de appelboomgaard tot aan de sleepruimenhaag. Daar bleef hij staan, kwispelde en liet een kort, zacht geblaf horen.

Ze lag op het mos te slapen, met een knie opgetrokken tegen haar buik, haar rug rond, haar ene arm onder haar hoofd. Zelfs van het blaffen was ze niet wakker geworden.

Ze was het. Stralend als de zon en met lippen zo rood als rozenblaadjes. Haar jurk had de kleur van ridderspoor en bij elke ademhaling rezen haar ronde borsten.

Hij trok de hond achteruit en boog zich

over haar heen om haar goed te kunnen be-
kijken. Toen strekte hij zijn hand uit en wilde
haar aanraken.

Ze zal vast verdwijnen, dacht hij. Dadelijk
is ze weer weg.

Maar ze bleef; deze keer verdween ze niet.
Ze opende haar ogen, zag hem staan en lachte.
'Jij moet Adam zijn,' zei ze. 'Ik kom je helpen.
De heer heeft me gestuurd. Hij dacht dat je het
werk niet meer alleen aankon.'

'Maar... wie ben jij?'

'Ik ben Eva,' zei ze. 'Ik heb naar je gezocht,
maar ik kon je niet vinden en toen dacht ik:
weet je wat, ik rust even uit!' De woorden rol-
den als parels van haar lippen. 'Het was een
lange reis. Ik ben zeker in slaap gevallen! Wat
sta je me nu aan te staren? Kom, laat me de
tuin en het huis eens zien.'

Ondertussen was ze opgesprongen. Ze aaide de hond en ook de kat was komen aanlopen
en gaf spinnend kopjes tegen haar benen.

Adam stond nog steeds roerloos. Ze rook
naar melk en weide. Ze stootte hem aan.

'Kom dan toch, kom!' Hij ging voorop, zij volgde hem. Daarachter kwamen de hond en de kat.

En alles wat ze zag, veranderde in woorden. Ze bejubelde elke bloem, riep 'Oh' en 'Ah' en haar verrukking schalde door de tuin.

Voor Adam waren haar woorden als regen na een langdurige droogte. Ze doordrenkten zijn hart en wisten alle zorgen uit.

Het mooiste was echter dat ze geen droomverschijning was, maar net als Adam van vlees en bloed. Hij kon haar aanraken en ze bleef. Dat maakte hem sprakeloos van geluk. Hij wist gewoon niet wat hij zeggen moest. Niet dat dat erg was. Zij praatte voor twee.

's Avonds laat zaten ze aan het meer, waarin de maan en de sterren zich spiegelden, en pas toen zei Adam: 'Eva, ik heb jou gedroomd!'

Ze was niet eens verbaasd. Ze lachte alleen een beetje en zei: 'Dat weet ik!' en vlijde haar hoofd tegen zijn borst.

Vanaf dat moment sliepen ze samen in één bed en alle dagen waren vol geluk.

Het geluk was zo groot dat Adam het niet bevatten kon. Soms werd hij midden in de nacht wakker en dan lag hij een tijdlang naar haar ademhaling te luisteren.

Toen kwam de herfst. De astertijd. De siertuin bloeide blauw en 's morgens glinsterde de dauw in de spinnenwebben. Het was oogsttijd. De appels waren rijp.

In dat jaar rijpte er weer een nieuwe soort, die nog geen naam had. Het was al jaren geleden dat de heer hem had geënt. Gekruist uit morgendauw en avonddauw en een derde appelsoort, een onbekende variant uit de buitenwereld.

Wanneer de heer de tuin bezocht, ging hij altijd eerst kijken hoe de jonge spruit er voorstond. Hij had Adam opgedragen het boompje met bijzondere zorg te omringen. Het was met bronwater bevloeid. Twee ringen van as rond de stam hadden het beschermd tegen slakkenvraat. En Adam mocht het boompje alleen bij nieuwe maan snoeien, want dan zou het niet bloeden, zo legde de heer hem uit.

De boom had het werkelijk wonderbaarlijk goed gedaan en de appels zagen eruit als op een plaatje: roodwangig, groot en rond. Het moest een genot zijn ze te proeven, dacht Adam.

Eva was zwanger. En telkens wanneer Adam stond te kijken naar de appelboom en diens rijpe vruchten, moest hij onwillekeurig aan Eva's buik denken. Die was even rond als deze appels. Adam moest erom lachen. De appelsoort zou Eva heten.

Zij gaf hem de manden aan en Adam plukte. Elke dag plukte hij. Hoog stond hij op de appelladder en als ze naar hem opkeek, leek het net of hij de wolken aan het plukken was.

Bijna alle bomen waren nu leeggeplukt, alleen deze nog niet. Eva pruilde en drong aan: 'Ga toch eindelijk die appels eens plukken!' zei ze. 'Of wil je soms wachten tot de wind het doet?'

Maar Adam zei: 'Nee! Dat mag ik niet doen. Dat doet de heer zelf.'

'En als hij nu niet komt? Als hij het te druk heeft?'

'Hij komt heus wel! Dat weet ik gewoon! Hij is altijd gekomen wanneer een nieuwe soort voor het eerst vruchten droeg.'

'Altijd is niet hetzelfde als nu.'

'Hou op!'

'Ik denk er niet aan! Als jij ze niet plukt, doe ik het.'

'Maar niet vandaag,' zei Adam. 'Het is al laat. De zon gaat onder, laten we naar huis gaan.'

'Ach, poes,' zucht Adam. 'Ik was zo gelukkig. En zo verliefd op Eva... Ze wilde die ene appel hebben, alleen die maar! Het kind in haar buik bewoog al. Ik kon de voetjes van mijn zoon voelen schoppen. Maar dan sloeg zij haar armen om haar buik en huilde.

"Je houdt niet van me! Als je van me hield, zou je me die appel wel gunnen! Ik weet dat het beter zal gaan als ik die appel mag eten. Je zoon in mijn buik zal in slaap vallen en tevreden zijn."

Wat had ik dan moeten doen, poes?'

De appels waren niet van ons. Maar Eva huilde. Ze huilde maar door en haar tranen braken mijn hart.

Die nacht had ik een vreselijke droom. Ik droomde dat Eva op de ladder stond. Ik droomde dat de ladder wankelde en dat Eva er met een luide gil af viel. Ze lag in het gras met het kind in haar armen en het was dood.

Ik vloog overeind en werd wakker. Ik tastte naar Eva. Ze was er niet. Hevig geschrokken sprong ik uit bed om haar te gaan zoeken. Blind van angst struikelde ik door de tuin.

Ik riep haar naam, telkens en telkens weer. De hond liep voor me uit en blafte.

Eindelijk waren we bij de boom.

Ze had de ladder er tegenaan gezet en stond te wiebelen op de bovenste sport, haar dikke buik stevig tegen de stam gedrukt.

Mijn hart stond bijna stil van schrik.

'Kom naar beneden!' riep ik. 'Je zult nog vallen en je nek breken! Alsjeblieft, kom eraf! Denk toch aan het kind!'

Ze hoorde me niet. Ze rekte haar arm en

haar vingertoppen beroerden de onderste appel. Ze greep een blad en trok de twijg naar
zich toe.

Er voer een hevige windstoot door de takken en voor de maan schoof een donkere wolk.

Ze rekte zich, pakte de appel beet en trok
hem van de tak. Een tweede windstoot liet de
boom sidderen. De ladder wankelde. Ik greep
hem beet en drukte hem tegen de boom. Eva
keek omlaag. Ondanks de duisternis kon ik de
angst in haar ogen zien.

'Kom nou toch!' riep ik omhoog.

'Ik kan niet! Ik ben duizelig! Het is te hoog!'

'Je moet niet omlaag kijken!' riep ik terug.
'Kijk steeds omhoog en probeer dan met je
voet de sporten te voelen.'

De wind wakkerde aan en de nacht werd
nog zwarter. Aan de hemel was geen ster meer
te zien. Ik kon de ladder bijna niet houden.

Eva deed wat ik zei. Ze tastte naar de sport,
zette haar voet erop en ging dan naar de vol-
gende. Pas op de derde van onderen gleed ze
uit. Ik ving haar op, sloeg mijn arm om haar

heen en toen stonden we beiden onder de boom te beven in de brullende storm.

De hond was opgehouden met blaffen. Hij had de staart tussen de poten getrokken en zat jankend ineengedoken in het gras.

Tijdens de klauterpartij had Eva de appel niet losgelaten en ze bleef hem vasthouden, ook toen we worstelend tegen de wind het huis probeerden te bereiken.

De storm was een slecht voorteken. Ik wist het en volgens mij wist Eva het ook, want toen ze de appel in stukken sneed, beefden haar handen. We zaten aan de keukentafel en de wind rammelde aan de luiken.

Zwijgend schoof ze me de helft van de appel toe. Ik wilde er niets van hebben, ik wilde er echt geen hap van eten – en toch at ik.

De appel smaakte bitter en zoet en een beetje zout tegelijk, hij smaakte naar herfst en naar heimwee, zoals de tranen smaken die we vergieten als we alleen zijn.

En we waren ook alleen. We zaten tegenover elkaar en toch waren we alleen.

Zelfs als we elkaar hadden aangeraakt, had dat niets geholpen. Ik had altijd geloofd dat ik Eva zou leren kennen zoals ik ook mezelf kende. Ik had geloofd dat ze een deel van mij was, zoals mijn hand of mijn arm.

In deze nacht wist ik ineens dat dit niet zo was. Kauwend op de appel besefte ik dat ik mijzelf niet eens had gekend. Ik was een vreemde voor mezelf geworden.

Wat deed ik hier eigenlijk in deze keuken? Waarom zat ik hier met deze vrouw, die gulzig een appel zat te eten, aan deze tafel, in dit huis, in deze nacht?

Het was alsof ik naar mezelf zat te kijken, alsof er bij de deur een tweede Adam stond. En deze tweede Adam had stekende ogen. Hij zag het gezwollen lichaam van de vrouw, haar opgezette gezicht, haar lelijke handen, haar gulzigheid, haar gelijkhebberigheid, haar twistzucht. Hij zag hoe ze worden zou, met het kind aan de hand, een kind dat sprekend op haar leek, met haar ogen, haar neus, haar mond, haar rode wangen – appelwangetjes – en met dezelfde gulzige, twistzieke aard. Nu al hield ze meer van dat kind dan van hem, want waarom had ze anders die appel geplukt?

De tweede Adam die daar stond, dat was ik niet, dat kon ik niet zijn. Ik hield toch van Eva. Ik hield van mijn zoon in haar buik. De gedachten van deze Adam waren niet mijn gedachten. Toch bleef hij maar bij de deur staan en liet me zien hoe laf ik was – zoals ik daar zat met gebogen hoofd en geen nee durfde te zeggen; en me de appel liet aanreiken en at, hoewel ik wist dat dit het einde van mijn vriendschap met de heer betekende. Een zwakkeling was ik, die zich door zijn vrouw liet bevelen...

Ik kende mezelf niet meer terug.

In deze nacht, al etend van de appel, viel ik in twee stukken. En niets was meer zoals het vroeger was.

'Je weet toch dat ik het niet wilde, poes,' zegt Adam. 'Ik had al zo'n voorgevoel dat die storm een slecht voorteken was.'

De kat kijkt naar de maan die langzaam kleiner wordt.

Nee, denkt ze, hij wilde het niet. Zo zijn de mensen immers? Naderhand zeggen ze altijd dat ze het niet wilden. Maar eerst doen ze precies wat ze niet willen en geen kat ter wereld zal dat ooit kunnen begrijpen...

Ach, Adam, denkt ze.

De uil roept. Dit is de beste tijd om te jagen. De muizen komen uit hun holletjes tevoorschijn en dansen in de wei.

Maar de kat zal niet jagen; vandaag niet. Ze zit daar maar alsof ze op de loer ligt. Ze zwijgt, ze luistert en ze herinnert zich...

De wind zwol aan, eerst tot een storm, daarna tot een orkaan. Hij rukte de bladeren van de bomen, smeet met takken, gierde en bulderde en slingerde de vissen het meer uit. Wolkenflarden joegen langs de hemel. Witte bliksemschichten flitsten door de lucht.

Ik legde mijn oren plat en dook weg in het gras. Onder mij beefde de aarde en in de verte hoorde ik de hond janken. Nog dieper dook ik weg; hevig verlangde ik naar huis en naar mijn warme plekje bij de oven. Ik bespeurde gevaar. Er dreigde onheil en de storm was daar slechts een voorbode van. Wat er in aantocht was, was machtiger dan een orkaan. Was machtiger en groter dan alles wat ik kende.

De storm mikte nog een laatste tak in mijn richting, hij miste me op een haartje na. Een felle bliksemstraal zette de tuin in een witte gloed. Toen was het plotseling stil.

Geen zuchtje wind meer. Het leek wel of alles eensklaps bevroren was. Zelfs de grassprietjes richtten zich niet meer op; de halmen lagen plat tegen de grond, alsof er een onzichtbaar gewicht op rustte. De stilte kwam zo onverhoeds, dat ze in mijn oren dreunde.

Toen hoorde ik het kleine poortje in de muur klappen. Het sloeg open en dicht en piepte in de scharnieren. Ik hief mijn kop.

De hond barstte los in een gehuil dat je anders alleen van wolven hoort.

Ik was nog steeds verblind door de laatste bliksemflits en het duurde een poosje voor mijn ogen erin slaagden de duisternis te doorboren. Ik spitste de oren en luisterde. Op het grindpad klonken zware voetstappen. Toen zag ik hem.

Hij was terug. Hij stormde de tuin door. Het waren zijn voetstappen die de aarde deden sidderen.

Hij zag me niet. Hij liep regelrecht naar de nieuwe appelboom, waar de ladder nog onder lag.

Daar bleef hij staan, beval de maan hem bij te lichten en telde zijn vruchten.

Hardop telde hij en daarna nog een keer.

Ik streek langs zijn benen en verwachtte

dat hij zijn hand op mijn kop zou leggen. Zo begroette hij me immers altijd als hij kwam. Ik wachtte tevergeefs. Hij zag me niet. Hij zag alleen zijn appels.

Hij leek meteen te weten dat er een ontbrak. Ik vroeg me af hoe hij dat weten kon, want toen de vruchten rijpten was hij er niet bij. Waarschijnlijk had hij het aantal appels vooraf berekend, want voor plannen maken draaide hij zijn hand niet om en in berekeningen was hij niet te overtreffen.

Toch wekte hij nu de indruk dat iemand hem geslagen had. Hij sloeg de handen voor het gezicht en zijn schouders schokten, alsof hij het uit snikte.

Zo kende ik hem helemaal niet. Hij was de heer! Hij moest groot en sterk zijn. Per slot van rekening had hij de hele wereld uitgedacht en ook deze tuin, met mij en Adam en de muizen erin, en zelfs de maan, en de storm die hem gehoorzaamde.

Waardoor was hij nu zo klein en zwak? En zo terneergeslagen? Ik wilde niet dat hij zo was en daarom kwam ik wat dichterbij en streek hem opnieuw langs zijn benen.

En hij, die me altijd goed behandeld had, schopte naar me en duwde me van zich af.

Hij liet zijn handen weer zakken en balde de vuisten; in het heldere maanlicht kon ik zijn ogen zien. Er stonden geen tranen in, maar ze waren zwart van woede. Hij richtte zich hoog op, hij leek te groeien, hij haalde diep adem. Plotseling werd het snerpend koud in de tuin. Langs de hemel schoten rode bliksemschichten en in de verte rolde de donder.

Het ogenblik van zwakte was voorbij.

'Adam, waar ben je?' brulde hij, zo hard dat het weerkaatste tegen de hemel.

'ADAM, WAAR BEN JE?'

De bloemen lieten hun kopjes hangen, de muizen vluchtten dieper hun holletjes in. Voor de tweede keer dook ik weg in het gras.

'Adam, waar ben je?' riep hij voor de derde keer.

Maar Adam gaf geen antwoord.

Toen beefde de aarde. De lucht werd geel en

de hemel bekogelde de tuin met hagelstenen. Vuistdikke brokken ijs verpletterden de heggen en de rozen en de ridderspoor. De ramen van het herenhuis, waarin de zon zich zo vaak gespiegeld had, sneuvelden. Een orkaanstoot joeg over het land en knakte alle bomen en tilde het dak van Adams tuinhuisje. Alle deuren sprongen open. Ze vielen uit hun scharnieren, vlogen de lucht in en wentelden weg op de wind als velletjes papier. De muren stortten in en begroeven de tafel en het bed, en alles wat eenmaal een bestaan vormde verdween onder puin en ijs.

'Adam, waar ben je?' brulde hij nog een laatste keer. Toen was het plotseling doodstil.

Ik tilde mijn kop op en rekte me uit. Weliswaar had ik de volle laag van de hagelbui gekregen en was mijn vacht helemaal verfomfaaid, maar daaronder was ik gelukkig heel gebleven.

De tuin was een ravage. Er lag geen steen meer op de andere. De appelbomen waren omvergewaaid, de takken gebroken en alle paden hadden een bies van blauwe bloesems. De hagelkorrels smolten snel, de grond dampte en een witte nevel bedekte de verwoesting als een sluier.

Het smeltwater spoelde me om de klauwen, toen ik naar het tuinhuisje sloop. Nog nooit had ik zo erg naar mijn warme, droge plekje bij de oven verlangd. De heer stond zwijgend en roerloos bij de ruïne die van het huis was overgebleven.

In de puinhopen klonk gescharrel en kort daarna zag ik de hond met de staart tussen de poten tevoorschijn kruipen. Toen hij de heer ontdekte, jankte hij even en liep vervolgens blaffend naar het huis terug. Daar ging hij aan de stenen staan krabbelen.

Nog steeds bewoog de heer zich niet. De hond sprong tegen hem op en trok aan zijn mantel. Hij blafte en huilde, liep weer terug en begon opnieuw te krabbelen.

Zelfs ik begreep wat de hond wilde zeggen. Zij lagen onder het puin bedolven en hadden hulp nodig.

Maar de heer stak geen vinger uit. Hij deed

net of hij de hond niet zag, om over horen nog maar te zwijgen. Hij stond daar als versteend, zoals de beelden bij de bron. Een man uit steen gehouwen. Hij is een standbeeld geworden, dacht ik, en ik werd bang.

Ik was immers alleen maar de kat. Ik had geen handen om de stenen opzij te schuiven.

De hond begon te graven. Met een sprong was ik naast hem en begon mee te helpen. Zwijgend groeven we en we schoten goed op. Na een poosje merkten we dat daarbinnen iets bewoog en meehielp door te duwen. En eindelijk, eindelijk was de opening groot genoeg om Adam door te laten.

Hij leefde nog!

Hij leefde en was ongedeerd. Meteen na hem kroop ook Eva tussen de brokstukken vandaan. Ook haar was niets overkomen. De hond sprong blaffend tegen hen op en likte hun gezichten.

Adam stond op. Hij zag de heer en schrok zichtbaar. Toen sloeg hij beschermend de handen voor het gezicht, alsof hij een pak slaag verwachtte.

De heer stond daar maar en zweeg.

Zijn zwijgen was erger dan een pak slaag had kunnen zijn. Dat zwijgen dreunde door de stille nacht. Dat zwijgen was als ijs, doorzichtig, helder en koud.

Adam begon te sidderen. Hij wierp zich voor de heer op de grond.

'Ik wilde niet eten,' stamelde hij. 'Zij heeft de appel geplukt! Ik kon het niet verhinderen. Ze zei dat het kind in haar buik anders nooit tot rust zou komen... Ik zweer dat ik het niet wilde! Ik niet!'

De heer keek Eva aan.

Die barstte in tranen uit en zei: 'Luister maar niet naar hem, heer. Ik wist niet hoe belangrijk zo'n eerste oogst voor u is. Anders had ik die appel nooit opgegeten. Maar Adam deed er zo geheimzinnig over. Hij heeft het me nooit uitgelegd en daarom dacht ik dat het maar een gewone appel was... een gewone appel, net als al die andere in uw tuin!'

Ze omklemde haar buik met beide handen en snikte.

'Ik hoorde steeds een stem in mijn hart die fluisterde dat ik die appel echt moest eten, alleen die ene maar, want dan zou mijn kind groot en sterk worden... Ik zweer dat het zo was! Ik wilde u niet kwetsen!'

Nu sidderde ook zij.

De heer trok zijn dikke mantel uit en legde die Eva om de schouders. Toen wendde hij zich tot Adam, die nog steeds ineengedoken op de grond lag.

'Sta op, Adam!' zei de heer. 'En kijk me aan. Wat ik je te zeggen heb, zeg ik slechts één keer. Ik wil dat je precies begrijpt wat hier vannacht gebeurd is. Ik kwam terug, zoals ik zo vaak ben teruggekomen. Ik riep je, zoals ik je zo vaak heb geroepen, maar jij hield je verborgen. Na al die jaren waarin je me telkens vrolijk ontving, waarin je me telkens begroette zoals men een goede vriend begroet – na al die jaren heb je je voor mij verstopt, alsof ik een inbreker ben voor wie je bang moet zijn. Dat is wat ik je kwalijk neem, Adam. Ik was je vriend en dacht dat jij de mijne was. Ik geloofde dat onze vriendschap niet kapot kon. Ik geloofde soms zelfs dat ik mezelf terugzag in jouw ogen. Ik was zoals jij en jij was zoals ik. Ik heb me vergist, Adam. Ik heb me vergist in jou. In je ogen lees ik angst. Je bent bang voor mij. Maar Adam, voor je vrienden hoef je toch niet bang te zijn! Een mens is bang voor zijn vijanden! Je denkt nu dat ik je vijand ben, je denkt dat ik je zal verstoten omdat je vrouw die appel buiten mij om geplukt heeft. Daar ben je bang voor en daarom ben je bang voor mij. Je hebt zo weinig vertrouwen in mij! En het is bitter voor me, te zien hoe je je in allerlei bochten wringt om mij maar niet te hoeven aankijken. Te zien hoe je de liefde die ik voor je koesterde in het stof vertrapt hebt.'

Hij keek Adam aan.

'Nog vandaag zul je deze plaats verlaten. Niet vanwege die ene appel, dat zou kleinzielig en goedkoop zijn. Je vertrekt omdat je bang bent en omdat het nooit meer zo kan zijn als eerst, je vertrekt omdat je onze vriendschap verraden hebt!'

Na deze woorden draaide hij zich om en liep met moede schreden weg. En Adam keek hem na, op zijn beurt als uit steen gehouwen.

Zo stonden ze daar lange tijd, Eva gehuld in zijn mantel en Adam bleek en verstard. Ze konden het nog niet bevatten.

De hond en ik lagen in het natte mos. We rustten uit.

Het zou een lange reis worden. Dat wist ik wel, hoewel ik alleen maar de kat was.

Ergens in de verte blaft een nieuwe hond. De uil roept alweer.

De maan is klein geworden. Als een kogel rolt hij langs de donkere hemel, een kogel die door iemand weggeslingerd is. Het maangezicht is niet meer te onderscheiden. Geen mond en geen ogen meer. Ook de stomme schreeuw is allang verstorven. Desondanks verlicht de maan nog steeds de nacht. De struiken werpen lange schaduwen over het gras.

Adam ligt naast de kat. Hij heeft zijn mantel opgerold onder zijn hoofd gelegd. Hij slaapt.

De kat kijkt naar zijn zilvergrijze haar en de diepe groeven langs zijn mondhoeken. Wat is hij oud geworden, denkt ze. Wat heeft het leven hem getekend. Ik had zeven levens en hij maar één, maar dat ene wil maar niet eindigen – en tegelijk ook wel. Bovendien zijn alle anderen al weg. De hond ligt allang onder de groene zoden, warmpjes toegedekt door zachte aarde. De kat lacht.

Daar ligt hij nu, de hond, en droomt van ha-
zen vangen. Hij vangt ze ook echt, want in de dro-
men onder het gras loopt alles altijd goed af en
wat tijdens het leven op aarde nooit gelukt is, lukt
aan de overzijde van deze wereld wel.

Dat weet de kat, omdat ze zeven levens heeft.
Wie zeven levens heeft, kent de overzijde goed. Ze
heeft al zo vaak willen vertellen hoe het daar is,
vooral op momenten waarop Adam door en door
vertwijfeld is. Ze had Adam er zo goed mee kun-
nen troosten, maar de kat mag niet praten. Dat
is de prijs die ze voor haar zeven levens betaalt:
zwijgen.

Zo heeft hij het gewild. En om dezelfde reden
heeft hij ook de tuin afgesloten. Vergrendeld en ge-
barricadeerd. Hij heeft zelfs wachtposten voor de
ijzeren poort geplaatst, met vlammende zwaar-
den. Grote, sterke mannen die iedereen die pro-
beert binnen te dringen schrik moeten aanjagen.

Ach, Adam, je moest eens weten! denkt de kat,
terwijl ze zich spinnend over zijn borst vlijt om
hem te warmen.

In de ochtendschemer braken ze op. Met minder dan niets. Een hard geworden broodkorst, twaalf appels en zes peren en een volle waterzak vormden hun bagage. En een paar handdoeken die Eva uit de puinhopen had kunnen redden.

Voor het laatst piepte het poortje, toen Eva het achter hen dichtdeed.

Ze keken niet meer om, anders zouden ze gezien hebben dat de groene klimop het poortje onmiddellijk overwoekerde en verborg, zodat het onzichtbaar werd voor alle tijden die nog in het verschiet lagen.

Buiten strekte het land zich leeg en onherbergzaam voor hen uit. Een kale vlakte tot aan de horizon, kleigrond uitgedroogd door wind en zon. Geen bos en geen weide, alleen maar bruin steppegras, droog als aanmaakhout. Verder bracht het land hier alleen stenen voort, rotsblokken zo groot als een huis.

Hier leek het wel winter. Een grauwe dag brak aan, met lage wolken, en over de steppe joeg een kille wind, die zich achter de rotsblokken verborg om hen in de zij aan te vallen zodra ze uit de beschutting kwamen. De wind joeg door Adams haren en rukte aan Eva's mantel. De hond liep snuffelend vooruit, met de snuit bij de grond, alsof hij een spoor geroken had. De kat volgde hem, op grote afstand weliswaar, maar toch.

Vroeg in de middag hielden ze hun eerste rustpauze. In elkaar gedoken zaten ze achter een rotsblok en Adam maakte met behulp van twee stenen een vuurtje in het gelige gras. Op hun lange tocht had hij een heleboel dorre takjes verzameld, die stak hij nu aan. Daarna deelden ze het brood en aten appels; de kat ging op muizenjacht en de hond deed een dutje.

Adam schrikt wakker. De kat springt van zijn borst. Hij kijkt naar de hemel, ziet de kleine maan en roept: 'Blijf hier! Je moet naar me luisteren, want als je het zelf dan niet eens meer weet, kun je op zijn minst luisteren naar wat ik je vertel. Daarna kun je altijd nog weggaan!'

Dat roept Adam tegen de maan. En het lijkt wel of de maan hem begrepen heeft, want hij schijnt stil te blijven staan, in ieder geval voor het ogenblik...

De tijd verstrijkt in ogenblikken. Klokken houden ons voor de gek. Uren zijn niet allemaal even lang. Soms duren ze eindeloos, soms zijn ze zo voorbij. Wat telt, wat we ons herinneren, is het ogenblik. Al het andere zakt weg.

Dat weet Adam heel goed en hij herinnert zich...

Zwijgend zaten we bij het vuur. Ik zag wel dat Eva huilde, maar troosten kon ik haar niet.

We moeten een waterbron zien te vinden, dacht ik.

We hebben water nodig, en een huis. Al is het maar een hol. We kunnen onmogelijk onder de blote hemel slapen. De hemel biedt geen warmte. En het kind dat straks geboren wordt, moet een bed hebben.

Nadenkend staarde ik in de vlammen. De hele weg had ik naar sporen gezocht. Voetsporen die ons de weg zouden wijzen. Achter ieder rotsblok hoopte ik huizen te vinden. Maar er was daar helemaal niets; alleen steppegras, rotsen en wind.

We moesten weer verder. Achter de horizon zou wel leven zijn, daar zou water stromen, daar zouden huizen staan waar mensen woonden. Ik stak Eva mijn hand toe en hielp haar overeind.

'Kom!' zei ik. 'Kom mee!'

We waren nog nooit zo zwijgzaam geweest als op deze tocht. Het leek wel of mijn tong vastgevroren zat, hoewel in mijn hoofd de woorden dansten en de gedachten wervelden als een sneeuwstorm.

Ik was bang en woedend tegelijk. Verdrietig ook. Het liefst had ik rechtsomkeert gemaakt om terug te gaan naar de tuin waar ik thuishoorde. Ik kon maar niet bevatten dat die voorgoed verleden tijd was. Vol was ik nog van de stille zomerdagen waarop de rozen bloeiden en de bijen zoemden en ik mijn werk deed. Wat waren dat gelukkige dagen geweest en wat was mijn hart toen vol blijdschap. In scherven lag mijn lichte leven nu achter mij, gebroken als een ruit, en voor mij lagen angst en vermoeienis en het kind dat binnenkort geboren zou worden. Mijn zoon. Vaak had ik aan de rand van het meer gezeten en me een voorstelling van zijn leven gemaakt. Dan hoorde ik hem al lachen, en zag hoe hij me tegemoet sprong. Ik wilde hem alles leren – hoe je bomen ent en nieuwe appelsoorten kweekt, hoe je groente verbouwt, welke vruchten vlak bij elkaar moeten staan om goed te kunnen gedijen. Hij moest een betere tuinman worden dan ik, alle geheimen moest hij weten. Hij moest even gelukkig worden als zijn moeder en ik, daar in de tuin.

Voorbij, allemaal voorbij! We waren ontheemd. Geen huis, geen tafel, geen bed, geen geluk! Waarom was ze zo hebberig geweest? Ze had elke willekeurige appel kunnen nemen. Waarom moest het uitgerekend deze zijn? Nooit zou ik het haar kunnen vergeven, dat wist ik heel goed. Onze liefde lag in duigen.

'Hij had ons toch kunnen redden, poes!' zegt Adam. 'Ons allebei, en onze liefde ook. In al de jaren die sindsdien verstreken zijn, heb ik mezelf lopen afvragen waarom hij ons niet gered heeft. Hij had toch iets eerder kunnen komen. Een paar uur eerder maar, dan was alles goed afgelopen.'

De kat zwijgt.

Adam springt op, legt het hoofd in de nek en kijkt op naar de maan.

'Waarom bent u te laat gekomen?' roept hij. 'Wat wilde u daarmee bewijzen? Dat onze vriendschap mij niets waard was? Dat ik u zou bedriegen? U had toch een beetje haast kunnen maken? U wist dat de nieuwe soort rijp was en geoogst moest worden. U kent de wind toch ook, u weet dat die het fruit zomaar van de boom kan rukken. Vertel eens, hoe had u de wind dan willen bestraffen? U weet het heus wel, het kwam op hooguit twee of drie uur aan. Mijn hele leven, en ook dat van haar en van het kind, hing aan die twee of drie uren die u te laat kwam!'

Dan verliest Adam zijn evenwicht en hij valt terug in het gras.

'Je weet hoe hij is, poes: hij geeft geen antwoord! Altijd als je hem roept, doet hij er het zwijgen toe en hoewel hij er is, antwoordt hij niet! Ook toen gaf hij geen antwoord...'

Ik voelde dat hij er was. Zijn zware voetstappen gingen naast mij. Onzichtbaar en zwijgend. Toen ik de zwarte vogels ontdekte, schemerde het al. Als een donkere wolk vlogen ze op en wierpen zich om en om op de wind. Het waren er honderden.

Zo wist ik dat we de bewoonde wereld naderden. Daar moesten bomen zijn en huizen, want deze vogels waren onderweg naar hun slaapboom, dat herinnerde ik me nog wel van de tuin. Ook daar streek elke schemeravond weer een grote vogelzwerm in de bomen neer.

Ik maakte Eva opmerkzaam op wat ik had gezien, maar toen ze opkeek naar de lucht, schrok ik van haar. Onder haar ogen lagen blauwe schaduwen en ze was nog bleker dan de maan. Zelfs haar lippen waren wit. Het koude zweet stond op haar voorhoofd.

'Wat is er met je?'

'Ik heb zo'n pijn,' zei ze.

Ze kreunde zacht en ik wist niet wat ik moest doen.

'We moeten verder!' zei ik. 'Leg je arm maar

om mijn schouder. Ik zal je wel ondersteunen.'

Nu kwamen we nog maar langzaam vooruit, want Eva bleef steeds weer stilstaan.

Het landschap veranderde. De rotsen werden kleiner en het gras onder onze voeten was groen. Langs de weg stonden struiken en bosjes en zelfs kleine berkenboompjes.

De hond liep voorop. Plotseling bleef hij staan, luisterde, en trok met zijn oren. Hij blafte kort en vrolijk.

Toen hoorde ik het ook. In de verte blaatten geiten.

'Waar geiten zijn, moet ook een bron zijn,' zei ik. 'Het is ons gelukt, Eva! Hier zullen we wel een onderkomen vinden. Nog even en je kunt drinken en uitrusten.'

Ik kon voelen hoe de pijn als een golf over haar heen sloeg. Ze stond heel stil en klampte zich aan me vast; toen brak de golf en we gingen weer verder.

Ik vroeg hem waarom hij haar die pijnen stuurde. Ik bad hem haar te ontzien. Ik bood mezelf aan, ik zei: 'Laat mij die pijn dan dragen, ik ben toch sterker dan zij.' Maar hij gaf geen antwoord.

De hemel kleurde al paars toen we de horizon bereikten, de geiten rukten het gras af, in de wolken straalde het laatste zonlicht en uit de nevel rees de maan op als een rode vuurkogel. Pal voor die rode maan stond een stal. Vier muren en een dak, meer dan genoeg voor ons. En bij de stal een bron, gevuld met helder water.

Buiten ons geen mens te zien. Alleen die stal, de geiten en de bron.

En Eva kromde zich van de pijn.

Ik deed de deur open. Er stond een tafel met een kruik erop en ook een bord, er was een stoel, er lag hooi en stro. Dat schudde ik een beetje op en ik legde mijn mantel eroverheen, zodat ze zacht kon liggen.

De kat legde zich naast haar neer.

Ik riep de hond en ging naar buiten om hout te sprokkelen voor het vuur.

Ik had nog geen honderd stappen gedaan, toen ik de gil hoorde.

Ze gilde!

Ze gilde alsof iemand haar een mes in de zijde stak.

Toen brak het gegil weer af en werd het stil.

Ik stond als versteend, verlamd van angst. Ik kon me niet meer verroeren. Ik luisterde.

Weer hoorde ik een schreeuw, maar deze was zachter en het was evenmin Eva's stem. Ik hoorde mijn zoon!

Ik liet de takken vallen, stormde terug naar de stal en rukte de deur open.

Ze lag in het stro, met het kind in de armen. Ze lachte een beetje en er hing een glans om haar heen, een warme gloed.

Echt, op dat moment vergat ik alles wat er gebeurd was. Geen wrok, geen verdriet en geen geruzie meer. Tranen van blijdschap liepen over mijn wangen en een golf van liefde sloeg door me heen. Ze reikte me het kind aan. Ik hield het voorzichtig vast, alsof het breekbaar was.

Dit was nu mijn zoon!

Hij was zo licht als een handvol veertjes.

En iets mooiers had ik nog nooit gezien. De oortjes, het neusje, de lichte welving van zijn voorhoofdje. De donkere krulletjes die nog vochtig aan zijn hoofdje plakten. En vooral die piepkleine vingertjes en voetjes.

'Moet je zien, Eva! Zie je dat? Hij heeft appelwangetjes, net als jij! En wat ruikt hij lekker! Heb je hem al geroken? Hij ruikt nog zoeter dan rozen! Hij ruikt naar melk en honing!'

Ik gaf hem terug en kuste haar. We sloegen een arm om elkaar heen.

'Hij ruikt naar toekomst,' zei Eva. 'Naar lente en leven! En hij is sterk, net zo sterk als zijn vader...'

'En net zo mooi als zijn moeder!'

We lachten en huilden samen. Het kind sliep.

De maan staat stil. De langste tijd van de nacht is begonnen. De tijd van de diepste slaap voor wie slaapt; en voor wie wakker ligt de tijd van het langste wachten, omdat hij met zichzelf alleen is en deze uren maar niet voorbij willen gaan. Niets verroert zich nog. Zelfs de wind is ingeslapen en slechts de sterren staan koud en ver aan de hemel te blinken. Adam is opgehouden met vertellen.

Maar de kat kan horen wat hij denkt.

Ook al hebben we daarna in nog zo veel huizen gewoond, denkt hij, nooit zijn we meer zo gelukkig geweest als toen in die stal. Met groot plezier bedachten we allerlei namen voor het kind. Ik was goed in namen verzinnen, omdat ik al geoefend had bij de appels, maar het vinden van een goede naam voor mijn zoon was veel moeilijker. Immers, alle dromen en alle wensen die wij voor hem koesterden moesten in deze naam wonen. Dus noemden we hem uiteindelijk 'Kaïn'. Sterk en krachtig moest hij worden, zoals zijn naam.

De kat zit doodstil. Ze hoort wat Adam denkt, ze voelt wat hij voelt en ze weet het nog...

Het was een goede tijd, die tijd daar in de stal. Melk en muizen in overvloed en een rustige plek om in de zon te liggen.

De dag na Kaïns geboorte kwam er een herder langs. Hij was de eigenaar van alle geiten en van hem was ook de stal. Hij was al heel oud, zijn baard was wit en lang. Hij liep wat gebogen en leunde bij het lopen op een herdersstaf. Hij kwam, maakte een lichte buiging, bekeek het kind en gaf Eva een ronde kaas.

Mij aaide hij en ik herkende zijn hand. Ook zijn geur was me vertrouwd, hoewel ik hem nog nooit eerder gezien had. De beide mannen werden het snel eens. Voortaan zou Adam de kudde hoeden. Hij zou geitenkaas maken, die aan de oude man leveren en er zelf zo veel van houden als ze voor hun dagelijks onderhoud nodig hadden. In ruil daarvoor mochten ze blijven.

De hond begreep meteen wat voortaan zijn taak zou zijn. Hij liep om de kudde heen. Telkens als een dier te ver weg liep, blafte hij luid en zo dreef hij de geiten naar groene weidegrond.

Terwijl ik in de zon lag te doezelen, legde Adam een nieuwe tuin aan. Hij werkte hard. Het zweet stond hem op het voorhoofd. Ik knipperde met de ogen en keek slaperig toe.

Hij spitte de grond om en groef geulen voor de bevloeiing. Hij hakte en harkte en verzamelde de stenen die hij in de grond tegenkwam. Er zaten heel veel stenen in de grond.

Hij bouwde muurtjes die de tuin beschermden tegen de wind en tegen de geiten. Hij bouwde ook muren rondom de stal, zodat die niet meer zo kierde en het er dus warmer werd. Hij bouwde een stookplaats en een schouw. Aan stenen geen gebrek.

De nieuwe tuin werd steeds mooier. Hij was weliswaar wat kleiner dan de tuin van de heer, maar leek er toch sprekend op.

In het midden bevond zich de bron en daar stond ook de scheut van een appelboompje, dat Adam zelf had opgekweekt uit de pit van een vrucht die nog afkomstig was uit de tuin van de heer.

De oude herder schonk zaaigoed en Adam

zaaide. Gierst en linzen; ook bloemen.

Ik had het druk met vogels verjagen: duiven en kraaien, die 's avonds kwamen opdagen en dan in de aarde wilden krabben. Ze waren brutaal en vlug, maar ik was jong en een goede jager.

Kaïn zette zijn eerste stapjes, en Eva juichte en klapte in de handen toen hij haar recht in de armen liep. Met de dag ging hij meer op haar lijken. Hij was het evenbeeld van zijn moeder. Hij hing aan haar lippen en aan haar rokken en liet haar geen moment los. Zodra zij even wegliep, begon hij te huilen en dan kon niemand hem troosten, ook Adam niet. Hoe die hem ook wiegde en liedjes voor hem zong, het hielp niets. Alleen Eva was in staat Kaïn tot bedaren te brengen.

Dat zinde Adam niet.

Het kwam hem voor dat alles in vervulling ging wat de tweede Adam met de stekende ogen voorzien had, indertijd in de nacht van de appel.

Precies zo zag hij haar nu voor zich, met het

kind aan de hand, de zoon die zo op haar leek, met haar ogen, haar neus, haar mond, haar wangen – appelwangetjes – en behept met dezelfde gulzigheid en hetzelfde ongeduld. En Eva had dit kind meer lief dan haar eigen leven, meer dan de zon, meer dan de hele wereld.

Dat zind e Adam niet. En zo kwam het dat ze steeds vaker ruzie hadden.

Op een vroege zomerochtend trof Adam zijn zoon aan in de tuin. Hij zat in het linzenbed en trok lachend de planten uit de grond. Toen greep Adam zijn zoon beet en zei streng: 'Dat mag niet! De planten willen groeien, net als jij!'

Kaïn schreeuwde moord en brand, waarop Eva naar buiten stormde en Adam het kind uit de armen rukte.

Als een leeuwin stond ze voor hem.

'Laat mijn zoon met rust!' siste ze. 'Hij is nog klein! Hij weet niet wat hij doet!'

'Wat hij niet weet, moet hij leren.'

'Maar niet zo! Achter mijn rug sla je hem altijd!'

'Ik heb hem niet aangeraakt! Ik zei alleen maar nee!'

'En waarom huilt hij dan zo?'

'Omdat hij geen enkel nee begrijpt en dat komt omdat jij hem nooit grenzen stelt!'

'Wat heeft hij aan grenzen? Hij moet vrij zijn en sterk! Geen knecht zoals jij!'

Toen boog Adam het hoofd en zei zacht: 'Wie geen grenzen kent, is nooit vrij.'

Daarna draaide hij zich om en ging naar zijn geiten.

Die avond zat hij naast mij op de muur en staarde naar de horizon, in de richting vanwaar we indertijd gekomen waren.

Zo wist ik dat hij dolgraag terug wilde.

Hij had heimwee naar de heer en naar zijn vroegere leven.

Van toen af was de goede tijd voorbij.

Adam was ontevreden en hij praatte niet meer met Eva.

Hij deed zijn werk, dat wel; hij wiedde, hakte hout en droeg het water naar binnen, maar hij schepte geen vreugde meer in wat hij deed.

In plaats daarvan vocht hij met zichzelf en met zijn lot.

's Nachts bleef hij steeds vaker buiten, bij de geiten. Dan zat hij bij het vuur en porde de vlammen op, terwijl de hond waakzaam rond de kudde liep.

Zelf lag ik een beetje terzijde; ik volgde hem altijd, omdat ik me zorgen over hem maakte. Hij was niet langer de Adam die ik kende. Hij was zijn vrolijkheid en vertrouwen kwijt. Hij zong niet meer, hij sliep nauwelijks, gebogen en met hangend hoofd zat hij in het schijnsel van het vuur.

In een van die nachten sprong Adam plotseling op. Hij balde zijn vuisten en stak ze omhoog naar de hemel. Het leek alsof hij de hemel wilde uitdagen.

'Ik weet wel dat u daar bent!' riep hij. 'Houd toch op met verstoppertje spelen! Kom nu eindelijk eens hier en geef antwoord!'

Nog terwijl hij zo stond te roepen, hoorde ik voetstappen naderen.

Ik spitste de oren.

De hond begon te blaffen, maar het klonk goedmoedig. Toen sprong hij weg, het donker in.

Ook Adam had het gerucht gehoord. Hij stond nu doodstil en luisterde.

Het was de herder, die daar in de vuurkring stapte.

Hij begroette Adam, die hem verwonderd aankeek. De oude man legde zijn staf in het gras en ging zitten.

Ik drukte me tegen hem aan en hij aaide me over mijn vacht, alsof hij wilde voelen of die wel dik genoeg was. Hij had me meteen herkend, net zoals ik hem.

Toen wendde hij zich tot Adam.

'Wat is er toch met je? Ik heb gehoord dat je narigheid hebt. Is het werk te zwaar? Heb je genoeg van de geiten? Smaakt de kaas je niet meer?'

'Nee, dat is het niet.'

'Wat zit je dan dwars?'

'Het is de eenzaamheid.'

'Je hebt toch je vrouw en je kind. Waarom zit je hier dan in je eentje bij de geiten?'

'Ik houd het in huis niet meer uit. Ze willen me daar niet hebben. Ze zijn vreemden voor me geworden. Eva veracht me. Ze zegt dat ik een knecht ben, geen vrij man. En Kaïn, mijn zoon, kent me niet meer. Hij loopt huilend weg, zodra hij me ziet!'

De oude man glimlachte.

'Geen wonder. Als je nooit thuis bent, hoe kan je zoon je dan leren kennen? Hij is bang voor je, want je gezicht is hem niet meer vertrouwd. Hij is een kind. Voor wie nog maar net op de wereld is, zijn twee dagen gelijk aan een heel jaar. Heb je weleens met hem gespeeld? Heb je hem ooit 's avonds in slaap gezongen? Heb je grapjes met hem gemaakt? Nee, dat heb je allemaal niet gedaan.'

'Zij geeft me er geen kans voor! De jongen hangt voortdurend aan haar rokken! Zij vertroetelt hem en voorkomt al zijn wensen. Ze stelt hem geen grenzen en houdt mijn eigen zoon bij me vandaan!'

'Papperlepap! Om uitvluchten heb je nog nooit verlegen gezeten, Adam! Was het niet eerder zo dat je van 's morgens vroeg tot 's avonds laat stond te spitten? Met je gezicht naar de grond en slechts oog voor de stenen en de aarde? Wanneer heb je ooit eens opgekeken? Wanneer heb je voor het laatst aandacht besteed aan iets anders dan je gewassen?'

'... die het anders door mijn inspanningen maar wat goed hebben gedaan!'

'Dat ze gedijen is niet jouw verdienste. Het zaad was sterk. En de zon, de lucht en het water hebben het laten ontkiemen! Zo is de wereld geschapen. Goed zaad groeit helemaal vanzelf. In tegenstelling tot de liefde! Die verkommert als je er geen zorg aan besteedt.'

'Wat weet u nou van de liefde?' vroeg Adam. 'U woont alleen, zonder vrouw en zonder kind... Wat weet u nou van de liefde?' In zijn stem lag spot.

De oude man zweeg. Hij tuurde in de vlammen. Ik wist niet of het van de vuurgloed kwam of van woede dat zijn gezicht ineens zo gloeide. Ik hoorde wel dat zijn adem sneller ging en dat hij even snoof.

Ach, Adam, dacht ik, hoe kom je toch zo blind? Waarom herken je hem niet? Je hebt hem toch zelf geroepen! Je wilde zijn advies! Nu is hij eindelijk hier en praat met je, en jij ziet nog steeds alleen jezelf!

Toen legde hij zijn hand op Adams voorhoofd.

'Doe je ogen eens dicht, Adam,' zei hij. 'Ik wil je iets laten zien.'

Adam schrok. Ik kon zijn angst voelen. Hij sloot zijn ogen.

Even dacht ik een plotselinge, felle gloed te zien. Onwillekeurig knipperde ik met de ogen zoals je met de ogen knippert tegen de zon wanneer die op zijn hoogst staat. Meteen was het ook weer voorbij.

Hij trok zijn hand weg en Adam deed zijn ogen weer open. Weer zaten ze daar samen in de vlammen te staren. Het leek wel of dat ene moment nooit was gepasseerd.

'Weet je, je kunt de liefde ook kennen zonder vrouw en kind te hebben,' zei de oude man. 'Wanneer je 's morgens wakker wordt en de

nieuwe dag met blijdschap begroet, is dat liefde. Wanneer je tussen de middag met smaak
je brood eet en je water drinkt, is dat liefde. En
wanneer je 's avonds naar de sterren kijkt en
nog even geniet van hun glans voor je in slaap
valt, is dat liefde. Maar als je je hart afsluit voor
alle schoonheid van deze wereld, als je er nooit
eens je gemak van neemt en nooit eens met
aandacht naar de hemel kijkt, duurt het niet
lang of de liefde zal je ontglippen. Dan worden
je dagen kil en donker en je werk is alleen nog
maar last en vermoeienis.'

'Bedoelt u dat ik alles kwijt zou kunnen raken? Eva en Kaïn en al mijn levensvreugde?'

'Je bent ze al kwijt, en dat heb je alleen aan
je eigen onoplettendheid te wijten. Je bent hen
uit het oog verloren. Vooruit, ga naar hen toe,
sla je armen om hen heen, kijk hen weer in de
ogen en wees blij met hen!'

De oude man reikte naar zijn staf, stond
moeizaam op en maakte aanstalten om te ver-
trekken. De hond sprong tegen hem op en likte
zijn hand en ik, ik wreef mijn vacht tegen zijn
benen.

Hij glimlachte, omhelsde Adam en verdween in het donker.

Wat hij die nacht ook gezien mag hebben, feit is dat Adam een ander mens leek. Alle somberheid was van hem af gevallen, alle triestheid vervlogen. Hij ging naar huis. Lachend omarmde hij Eva, die weer even zacht werd als vroeger. Samen dansten ze onder de appelboom.

Ook bemoeide Adam zich weer met Kaïn. Hij liet hem de kruiden en de bloemen zien, legde uit hoe kaas gemaakt werd, hij bouwde kastelen met het kind en sneed paarden, ezels en hondjes voor hem. Samen maakten ze beeldjes van vochtige klei, mannen, vrouwen en kinderen, en Adam vertelde Kaïn daarbij over de heer en de grote tuin met de hoge muur eromheen. In de lente zaaiden ze Kaïns naam in een border en zo leerde hij lezen en tuinieren tegelijk.

En toch bleven vader en zoon vreemden voor elkaar.

Kaïn beschikte niet over het geduld dat

voor tuinieren noodzakelijk is. Nooit ging het hem snel genoeg. Het groeien niet, het rijpen niet; en altijd weer vroeg hij: 'Wanneer kan ik nu eens oogsten, vader? Zijn de bessen nu nog niet rijp? Kijk dan, ze zijn toch al rood!'

'Ze zijn nog niet rood genoeg! Ze smaken nog zuur en ze moeten zoet zijn.'

'Maar de vogels pikken ze al weg! Als we nu niet oogsten, is er straks niets meer voor ons over!'

Kaïn was precies zijn moeder.

Dezelfde woorden had Adam immers ook uit Eva's mond gehoord, indertijd in de grote tuin.

Zeker, ze had hem toen betoverd met haar 'ah' en 'oh'. Met haar 'kijk eens hier' en 'kijk eens daar' en met haar verrukking en de pure vreugde die ze voelde.

Maar tegelijkertijd had haar manier van doen Adam doen verstommen. Hij was niet zo goed van de tongriem gesneden als zij, hij moest zijn woorden wikken en wegen tot hij de juiste gevonden had. Zo was het nu ook met

Kaïn: hij voelde zich niet tegen hem opgewassen, net zoals hij vroeger niet tegen Eva op gekund had.

En dus plukte de jongen de bessen tegen het advies van zijn vader in.

En de bessen waren zuur.

Adam slaapt weer. Hij slaapt weliswaar onrustig, maar diep. Droombeelden rimpelen het oppervlak van zijn ziel. Het trekt een beetje bij zijn mondhoeken, hij lacht.

De kat zit erbij en waakt over hem. En omdat ze een kat is, kan ze zijn dromen lezen.

Hij droomt van zijn tweede zoon, die in een zoele zomernacht geboren wordt.

Hij is veel fijner gebouwd en kleiner dan zijn broer Kaïn. Zijn eerste kreet is zacht en door zijn haar lopen gouden draden. Dat is het sterrenstof dat hij heeft meegebracht.

Nu is het Adams beurt om te glimlachen. Hij wiegt het kind in zijn armen en fluistert: 'Abel, mijn Abel zul je zijn, mijn Suizelkind, mijn zachte zoon.'

Slaap lekker, Adam, spint de kat zachtjes. Ik zal je droom bewaken. Het is een mooie droom.

Met Abel werd alles anders.

De oude herder kwam. Deze keer had hij wijn bij zich. Voor Eva. Het was een volle, rode wijn. Ze moest ervan drinken, had hij gezegd, want dan zou ze weer gezond worden en de kracht herwinnen die de bevalling haar gekost had.

Daarna sprak de herder een zegen over Abel uit.

'Jij, kind, zult groot en sterk worden. Je zult je ouders eren en een goede hulp voor hen zijn. En moge je broer altijd een goede vriend voor je wezen.'

Tegen Adam zei hij echter: 'Denk aan mijn woorden en pas even zorgvuldig op dit kind als je op de geiten past. Jouw Abel is geen tuin-man. Hij zal een herder worden, net als ik!'

Met Abel werd alles anders.

Voor Adam was het alle dagen zomer. Lupi-nendagen, hondsrozentijd. De zwaluwen vlo-gen hoog en sjirpten in volle vlucht hun *sri-sri-sri*.

Zodra hij lopen kon, liep Abel achter Adam

aan. Wanneer zijn vader hem hoog op de schouders tilde, sjirpte hij als de zwaluwen. Hij aaide de jonge geitjes en schaterde wanneer ze aan zijn vingers sabbelden, omdat dat zo kietelde. Wanneer het middag werd en alle dieren de schaduw opzochten, lag Abel midden tussen de kudde en sliep met zijn hoofd tegen een geitenbuik.

Adam zat wakend bij hem en streek hem telkens weer over zijn haar.

Zo werd Abel Adams Suizelkind en Adams verdriet veranderde in vreugde. Zijn heimwee naar de vroegere tuin was voorbij en de herinnering eraan verbleekte. Hier stond het nieuwe huis, hier lag de nieuwe tuin, hier was het leven goed.

In deze zomer dacht hij soms over zijn zonen na en dan trof het hem hoe verschillend ze waren. Kaïn was een vechtertje en dol op wedstrijden.

'Kom, Abel, laten we hardlopen! Wie het eerst bij de bron is, heeft gewonnen!'

Meteen was hij al weg ook, en Abel kwam waggelend achteraan.

'Gewonnen, Abel! Ik ben de beste, Abel! Dat kun jij nooit!'

Zo wild was Kaïn en zo ongeremd en zo vlug.

Maar Abel kon klauteren. Hij kon klauteren als een geit. Langs de steilste rotsblokken trok hij zich omhoog. Zijn stap was altijd vast en wat duizeligheid was, wist hij niet. En als hij eenmaal boven stond, straalde zijn gezicht van blijdschap omdat Kaïn nog beneden stond en met donkere ogen naar hem opkeek.

'Ik wist het wel! Je vader is een geitenbok!' riep Kaïn dan en hij lachte er pesterig bij.

Daar kon Abel niets tegen inbrengen, omdat hij er de juiste woorden niet voor had, en zijn ogen vulden zich met tranen.

Ze zijn water en vuur, dacht Adam. Toch zijn ze allebei mijn zoon. Ik moet van hen allebei houden.

Desondanks hield hij meer van Abel, omdat hij in deze zoon het sterkst zichzelf herkende.

De jongen moest vaak naar woorden zoeken, hij was bedachtzaam, rustig en traag.

Kaïn was zijn moeders kind, maar Abel hoorde bij hem.

Ook Eva was gelukkig in deze lange zomer, met Kaïn zo dicht bij zich. Ze bakten samen brood, ze oogstten in de tuin, ze looiden geitenhuiden en Eva naaide voor beide zonen een mantel.

De mantel van Kaïn maakte ze van witte vachten en voor Abel koos ze zwarte.

'Waarom kies je voor Abel zwart?' vroeg Adam haar.

'Omdat hij herder wordt. Voor een herder is een onopvallende mantel geschikter.'

Ze zei het met een ondertoon die Adam kwetste, maar hij zweeg, omdat hij geen ruzie met haar wilde.

Die mensen ook, denkt de kat.

Ze huilen om een zomerwolkje, maar het on-heil dat zwart en dreigend achter hen opduikt, zien ze niet. Je wilde geen ruzie met je vrouw en daarmee heb je zelf het onheil over je afgeroepen, Adam.

Je was niet eerlijk en je was niet rechtvaar-dig. Je hebt de ene zoon voorgetrokken boven de andere en je hebt je ogen gesloten. Je wilde alleen maar rust en gemak. Je had alleen aandacht voor jezelf en voor het kleine geluk. Weet je het dan niet meer? Je was toch gewaarschuwd!

De dag waarop Kaïn voor het eerst zijn witte mantel droeg, lag ik in de schaduw onder de appelboom.

De stek was uitgegroeid tot een flinke boom, die in de herfst sappige vruchten zou dragen en die nu nog het huis en de tuin in zware bloesemgeuren hulde.

Ik lag wat te dommelen. Een zacht briesje ruiste in de bladeren en strooide zonnevlekjes. De duiven koerden en de bijen zoemden, het rook naar appelbloesem en naar warm brood. Het rook naar voorjaar en vrede. In de verte klonk het geblaat van de geiten. De hond hield over hen de wacht.

Abel zat naast mij, met een jong geitje op schoot, dat nog maar net geboren was en van zijn geitenmoeder geen melk kreeg. Ze had het verstoten. Geduldig liet hij het aan zijn vinger zuigen en telkens opnieuw dompelde hij het snuitje in een schaaltje met melk om het diertje te leren drinken.

Adam was in de tuin aan het werk. Hij had een touw gespannen, zodat de paden die hij uitzette kaarsrecht zouden worden. Af en toe keek hij op en wierp een blik op Abel, de ogen vol liefde, trots en welgevallen.

Het was rond het middaguur. De zon stond hoog aan de hemel te branden. Toen kwam Kaïn naar buiten, de tuin in. Voor het eerst droeg hij de nieuwe witte mantel, die bijeengehouden werd door een gordel in de prachtigste kleuren, versierd met rood, blauw en geel borduursel. Hij lachte en zijn wangen gloeiden. Zijn donkere ogen straalden van geluk. Hij liep naar Adam toe en maakte een buiging.

'Kijk eens, vader!' riep hij. 'Ik ben een echte heer! Moeder zegt dat ik er zelfs nog mooier uitzie dan de heer die u vroeger gekend hebt!'

Adam richtte zich op, bekeek zijn zoon eens goed, en zijn gezicht werd donker.

Kaïn draaide een rondje. Hij wierp het hoofd in de nek en schudde zijn zwarte lokken. Hij lachte.

'Zeg nou, vader, lijk ik op hem of niet? Bent u niet trots op mij?'

Zo gelukkig was Kaïn. Zo trots op deze

mantel. Hij bedelde om een lovend woord van Adam, en merkte niet dat op het voorhoofd van zijn vader een adertje begon te kloppen van woede.

Wat er toen gebeurde, was onrecht. En Adam wist het.

Hij wist dat geen enkele vader ter wereld tegen zijn zoon de woorden mocht zeggen die hij Kaïn nu in grote woede en blinde razernij in de oren brulde.

'Zot die je bent! Ondeugd! Nietsnut!' loeide Adam. 'Dus jij moet een heer verbeelden, alleen omdat je een witte mantel aanhebt? Jij moet zo nodig op hem lijken? En je durft zo zijn naam in mijn bijzijn door het slijk te halen? Een waardeloze worm, dat ben je! Een opschepper en een leegloper. Wil je de waarheid eens horen? Jíj bent degene die ons in het ongeluk heeft gestort. Het was om jou dat je moeder die appel heeft gegeten, die ons van zijn huis en vriendschap heeft beroofd. Alleen daarom ben ik de heer kwijtgeraakt, de heer met wie jij je nu durft te vergelijken! Dat vergeef ik je nooit, Kaïn! Die angel blijft in mijn hart zitten tot mijn dood. Neem liever een voorbeeld aan je broer Abel! Die is eigenlijk mijn ware zoon!'

Hoestend stond Adam daar, met gebalde vuisten.

Ik zag Kaïn knakken; en Abel zag het ook.

Kaïn trok wit weg.

Hij deinsde achteruit.

Hij rukte zich de bontgekleurde gordel van het lijf, rende weg en liet de gordel in het voorbijgaan voor Abels voeten vallen.

Eva was het huis uit gestormd.

Ze rende de jongen achterna.

Luid riep ze zijn naam, maar hij hoorde het niet meer. Hij was al weg.

Toen draaide Eva zich om en wierp zich op Adam.

Met beide vuisten sloeg ze op hem in.

'Je bent een onmens, Adam!' snikte ze. 'Je bent een onmens!'

In zijn slaap draait Adam zich om. Hij huilt, hij jammert zacht. Tranen lopen over zijn gezicht. Hij grijpt naar zijn hart.

De kat ontbloot haar nagels en steekt haar klauw uit.

Als hij niet wakker wordt, nu, meteen, dan zal ze hem wakker moeten maken.

Ze zal de kleine pijn over de grote leggen. Dat helpt altijd, het is de kattenmanier. Zo en niet anders verovert zij haar prooi. De muizen weten niets van de dood. Ze voelen heus wel de kleine verwondingen die de kat hen toebrengt, maar van het einde bespeuren ze niets.

Nu is het zover. De kat slaat haar nagels stevig in Adams vlees. Die kreunt nog een keer, en dan ontwaakt hij.

Hij slaat de handen voor het gezicht. Nog steeds schokt hij van het snikken.

'Nooit had ik dat mogen zeggen,' fluistert hij. 'Waarom heb ik me zo door mijn woede laten meeslepen? Mijn zoon stond blij te lachen en plotseling had ik het gevoel dat de wind uit alle macht een vuurgloed aanwakkerde, en een vlam die groter was dan ikzelf verteerde me. Een felle bliksemstraal sloeg me met blindheid, ik werd een en al vuur.

Kon ik de woorden maar in mijn mond terugslaan. Nog een keer ontwaken op die vroege voorjaarsmorgen en de tuin ingaan, nog een keer de touwen spannen en het pad uitzetten en zien hoe Abel het jonge geitje te drinken geeft.

Als Kaïn dan weer zijn mantel kwam laten zien, zou ik met hem mee lachen en blij voor hem zijn. Ik zou roepen: Kijk eens, Abel, je broer is een deftige heer geworden! Wat staat die kleurige gordel hem goed, vind je niet?

Dat zou ik zeggen, als ik nog eens diezelfde dag kon beleven, datzelfde uur. Dan zou alles weer goed zijn. Dan zaten we nu onder de appelboom, Eva en ik. We zouden op de zonen van Kaïn en Abel passen en hun namen in de border zaaien.

Ben ik dan inderdaad een onmens, heer? Had ze gelijk, toen ze mij zo noemde en mij sloeg?

Heeft u ons daarom de rug toegekeerd? Waarom heeft u mijn zoon niet gered, de zoon die mij het liefste was?"

Kaïn rende. Verblind door tranen rende hij, zonder op de weg te letten rende hij. Alleen maar weg, weg van daar, weg van vader en van Abel. Hij hoorde zijn moeder roepen, maar hij rende. De stenen onder zijn voetzolen voelde hij niet. Hij rende als opgejaagd wild, met Adams woorden nog in zijn oren. De woorden van zijn vader, die als pijlen in zijn hart waren blijven steken en hem vergiftigden.

'Neem liever een voorbeeld aan je broer Abel! Die is eigenlijk mijn ware zoon!'

Kaïn bleef staan en schreeuwde het huilend in de wind:

'Mijn broer Abel met zijn grote, onschuldige ogen. Geen kwaad kan hij doen. Mijn broer Abel met zijn blonde krullen. Nooit kreeg hij een standje, nooit werd hij geslagen. Wat hij ook doet, hij wordt geprezen. Mijn broer Abel hangt maar wat rond, hij aait zijn geiten, zet een uitgestreken gezicht en daarom houden ze van hem!'

Het vergif van de woorden verspreidde zich door zijn lichaam, bereikte zijn handen en zijn voeten en zijn hoofd. In zijn ogen waren geen tranen meer. Kaïns hart verkilde en hij begon te haten.

Het zal je niet lukken mij te verdrijven, Abel! Ik ga niet opzij, want ik was er eerder dan jij! Zo dacht Kaïn en hij bukte zich om een steen van de grond te rapen. De steen voelde warm aan, hij was heel glad en hard en paste precies in Kaïns vuist.

Het leek wel of de steen hem de gemoedsrust en zelfverzekerdheid teruggaf die Adam hem had afgenomen. Hij stopte hem in de zak van zijn mantel.

Er was een storm opgestoken. Kaïn kwam maar langzaam vooruit. Hij moest tegen de wind in worstelen, die zijn mantel bol blies en huilde in zijn oren. Het schemerde al, toen er van achteren plotseling een hand op zijn schouder werd gelegd.

Met een ruk draaide Kaïn zich om. Zijn hand omklemde de steen in zijn zak.

Voor hem stond de oude herder.

'Waarom loop je hier in je eentje buiten?' vroeg hij.

'Ik ga kijken hoe het met de geiten is,' zei Kaïn. 'Vader heeft me gestuurd. Ik moet de kudde gaan halen, omdat het zo stormt!'

'En waarom heb je dan een steen in je hand? Wil je de geiten soms doodslaan?'

Daar had Kaïn geen antwoord op. Hij boog het hoofd en keek naar de grond. Maar de oude man pakte hem bij zijn kin en dwong hem op te kijken. Kaïn wendde het hoofd af. Hij wilde de oude niet in de ogen zien.

'Ik kan zien dat jou onrecht is aangedaan,' zei de herder. 'Je ogen gloeien van trots en haat! Mijn zoon, doe toch niets waarvan je later spijt zult hebben. Geef de steen aan mij! In jouw hand zal die tot een wapen worden!'

De oude man pakte Kaïns arm en wilde hem de steen afpakken, maar Kaïn duwde hem met al zijn kracht van zich af en rukte zich los. De oude viel en de jongen vloog met wilde sprongen over de akker naar huis.

Wat er toen gebeurde, was onontkoombaar. Er viel niets meer aan te doen, hoewel de storm nog probeerde Kaïn tegen te houden, hem omver te smijten en weg te blazen.

Dezelfde storm dreef echter ook Abel in de richting van zijn broer. Ze vlogen op elkaar af.

En Abel had de zwarte mantel aan en hij lachte, want hij was blij dat Kaïn weer naar huis kwam. Nog steviger klemde Kaïn de steen in zijn vuist.

En toen niet meer.

En Abel lag op de grond.

Hij staarde naar de hemel die hij niet langer zag.

Waarom heeft hij dat toegelaten, poes? Was dat een late wraakneming voor het gebeuren in de appelnacht? Was dat de prijs die we voor onze nieuwe vrijheid moesten betalen? Werken in je eigen tuin, de vruchten oogsten die je zelf gezaaid hebt! Eén woord van hem en ik had alles uit mijn handen laten vallen en was met onze zonen en met Eva naar de oude tuin teruggekeerd. Dan had ik de akker weer voor hem bewerkt in plaats van voor mijzelf! Dat wist hij toch!

Maar ik, Adam, wist helemaal niets!

Ik stond in de deuropening en wachtte op Abel, die was gaan kijken hoe het met de geiten ging. De storm wakkerde snel aan. De vensterluiken klapperden.

De poort sloeg open en ik zag Kaïn komen.

'Waar was je nou?' vroeg ik. 'We waren al ongerust!'

Hij keek dwars door me heen en gaf geen antwoord. Zijn ogen stonden star. Toen duwde hij me opzij en ging het huis binnen.

Ik liep hem achterna.

Ik wist niet hoe ik het zeggen moest. Ik schaamde me voor mijn woorden van die middag, en het speet me erg dat ik hem uitgescholden en weggeduwd had. Dat wilde ik graag tegen hem zeggen. Hem vergeving vragen, dat wilde ik.

Maar de enige vraag die over mijn lippen kwam, was: 'Waar is je broer Abel? Ben je hem niet tegengekomen, Kaïn?'

Toen bleef hij staan, draaide zich om en keek me aan met ogen van ijs.

'Ben ik soms mijn broeders hoeder?' vroeg hij.

En opnieuw ontbraken mij de woorden en de moed. Ik dacht ja en zei nee en sloeg mijn ogen neer.

Toen Eva de kamer inkwam, had Kaïn zijn bundel al omgegespt.

Handenwringend smeekte ze hem te blijven, ze huilde en weeklaagde.

'Ik kan hier niet blijven, moeder,' zei hij. 'Ik ga weg!'

'Twee zonen heb ik verloren in een en dezelfde nacht,' zegt Adam. 'Mij restten alleen het lege huis en een vrouw die van verdriet met stomheid is geslagen. En het graf waarin we Abel gelegd hebben. En dat ik zelf moest graven, ik, de tuinman.'

Op het graf staat de hondsroos en daar zit 's nachts de kat op prooi te loeren. Daar zit ook Adam, de oude Adam, die zo moe is en toch niet slapen kan. En zo af en toe praat hij tegen de maan.